CONVERSAS COM

PAUL RAND

TODOS T

DIFERENT

QUE SEJA

ALGUNS P

É A GRAVA

OUTROS PE

A CAMISO

M IDEIAS
S SOBRE O
DESIGN.
NSAM QUE
TA DO PAI.
NSAM QUE É
A DA MÃE.

CONVERSAS COM

PAUL

COSACNAIFY

RAND

Michael Kroeger (org.)

TRADUÇÃO Cristina Fino

O DES

UM CO

ENTRE F

CONT

IGN É

NFLITO

ORMA E

EÚDO.

SUMÁRIO

APRESENTAÇÃO À EDIÇÃO BRASILEIRA

STEVEN HELLER

APRESENTO MR. PAUL RAND: O DESIGNER GRÁFICO MODERNO NORTE-AMERICANO

Quando Paul Rand morreu, em 26 de novembro de 1996, aos 82 anos, sua carreira tinha atravessado seis décadas, três gerações e vários capítulos da história do design. No fim da década de 1930, ele começou a transformar a arte comercial, do artesanato à profissionalização. No início dos anos 1940, influenciou a fisonomia do design na propaganda e nas capas de livros e de revistas. Perto do fim da década, elaborou um vocabulário de design gráfico baseado na forma pura, onde antes apenas o estilo e a técnica prevaleciam. Em meados dos anos 1950, alterou a maneira pela qual as grandes corporações usavam a identidade visual e, ao longo dos anos 1960, criou algumas das marcas corporativas mais fortes e duradouras no mundo todo, incluindo as da IBM, UPS, ABC e Westinghouse. Rand foi o canal através do qual a arte e o design modernos na Europa – o construtivismo russo, o De Stijl holandês e a Bauhaus alemã – foram introduzidos na arte comercial norte-americana. O primeiro de seus quatro livros, *Thoughts on Design* [Pensamentos sobre o design], publicado em 1947, quando ele tinha apenas 32 anos, tornou-se a bíblia do design gráfico moderno. Em seus últimos anos exerceu as funções de professor, teórico e filósofo do design.

Treinado nos amplos departamentos de criação da indústria editorial e de propaganda de Nova York, ele entendia as demandas do mercado e aceitava que o design era um serviço e não um fim em si próprio, ou uma arte. Contudo, era crítico em relação aos pobres padrões estéticos que imperavam, defendendo que a vida cotidiana – especialmente a arte comercial – podia ser enriquecida pelo toque do artista. Modelou seus atos no exemplo dos artistas de vanguarda, como o pintor Paul Klee, o designer El Lissítzki, e o arquiteto Le Corbusier, todos eles preconizadores de um espírito atemporal no design. Fiel ao preceito de Le Corbusier, de que "ser moderno não é uma moda, é um estado", Rand devotou sua vida a fazer o que ele modestamente chamava de "um bom trabalho".

Quanto estava iniciando sua carreira, aos 24 anos, a principal revista comercial de artes gráficas da época, a *PM* [out.-nov. de 1938], saudou-o como a mais promissora jovem influência no design gráfico norte-americano. Ele foi selecionado por trabalhos editoriais e de publicidade que eram tão originais em forma e conteúdo que tinham sido até então ignorados pelas revistas conservadoras. Foi necessário o reconhecimento da *PM* para que Rand fosse levado a sério, pois nenhum dogma ou moda o comandavam. "Rand é alguém desatrelado das tradições...", a revista declarou. "Ele não tem um estilo estereotipado porque toda tarefa é [para ele] algo novo e demanda sua própria solução. Consequentemente, não há nada extenuante ou forçado em seu trabalho."

Rand repudiava tudo que fosse considerado design aceitável ou o que ele chamava de "apenas retratos do Uncle Joe".* "Isso não resolve nenhum problema... é pensamento mediano. Depende unicamente da habilidade do ilustrador; e na época não havia ilustradores muito bons." Buscando inspiração nos modernos europeus, ele desenvolveu uma abordagem revigorante e individual da comunicação visual. Seus projetos para revistas e publicidade uniam simplicidade funcional à complexidade da abstração. Eles não buscavam um denominador comum. Desprovidos de ornamento, eram conceitualmente precisos e visualmente elegantes. Cada detalhe era estrategicamente planejado para atrair o

* Uncle Joe é a personalização do americano típico, branco, de cidade pequena e se tornou marca de vários produtos, como balas e pizzas, além de nome de banda de rock. Rand se referia à tendência realista e ornamentada do design co- mercial no período pós-depressão como "escola Uncle Joe de ilustração realista".

olhar e veicular uma mensagem. Nada, porém, se baseava em fórmulas. A página era um palco onde Rand encenava proezas de virtuosismo artístico. "Ele é o artista dos artistas, e contudo encanta o homem nas ruas com sua inteligência, inventividade e perícia performática", aclamava-o Percy Seitlin em *American Artist* (1942). "É realmente uma façanha produzir arte e entretenimento na publicidade", complementava. A obra de Rand era tão distinta dos seus contemporâneos — tanto os tradicionais quanto os adeptos das novidades passageiras – e tão radicalmente contra as normas estabelecidas, sempre propondo caminhos que questionavam agudamente os limites do design impresso, que seus admiradores o chamavam de Picasso do design gráfico.

Pelo resto de sua carreira, ele agiu de acordo com essa distinção. Sua obra foi ampla o bastante para cobrir da publicidade a capas de livros, de livros infantis a identidade corporativa. Ele não foi o primeiro designer a criar marcas viáveis, mas foi o que mais investiu na tarefa de tornar a marca uma arte. Muitas delas, assim como o restante de seu trabaho, mantêm-se tão vivas agora quanto no passado. Porém, mais significativas são as palavras professadas por Rand – os escritos que produziu já em idade avançada e que definiram o design moderno.

INTRODUÇÃO

A primeira vez que me encontrei e estudei com Paul Rand foi em Brissago, na Suíça, no verão de 1981, num *workshop* de cinco semanas, em que também lecionaram Philip Burton, Armin Hofmann, Herbert Matter e Wolfgang Weingart. A atribuição do curso de Rand era um projeto em semântica visual cujo tema era o pintor Joan Miró. O objetivo do curso era manipular palavras e letras para ilustrar uma ideia ou evocar uma imagem – especificamente, sugerir por meio das letras M I R Ó a obra do pintor. Uma das minhas soluções foi uma brincadeira com as formas das letras representando a imagem de um gato chamado Miró.

Tive o prazer de falar com ele brevemente durante sua visita à Arizona State University (ASU), em fevereiro de 1995, e de almoçar com ele e sua esposa. O Eminent Scholar Program da ASU patrocinou sua visita à School of Design, para comandar uma discussão em classe e proferir uma palestra aos alunos do programa de design gráfico. Também apresentamos algo do trabalho dos nossos alunos da disciplina de formas tipográficas, ministrada pelo professor Thomas Detrie, e da minha disciplina de comunicação visual. Rand comentou o trabalho: não era "melhor ou pior que o de qualquer outra escola de design" que ele tivesse visitado, o que tomei como um elogio.

Os tópicos da discussão em classe foram variados, mas o foco de nossas conversas foi o design, a filosofia do design e sobretudo um artigo para meu *website* em que eu estava trabalhando na época, chamado "Fundamentos educacionais do design gráfico". Os textos deste livro foram extraídos desses encontros.

CONVERSA UM

TUD

RELA

DESI

RELA

OÉ

TIVO.

GN É

ÇÃO.

[MICHAEL KROEGER] Trouxe alguns dos livros que você recomendou durante a aula em uma dessas noites.

[PAUL RAND] Ah!, sim, este livro é familiar.

[KROEGER] Comecei lendo o primeiro capítulo de *Art as Experience* (1934), de John Dewey.

[RAND] Leu mesmo? E gostou? Quanto tempo levou?

[KROEGER] Só li algumas páginas por noite. Não é uma leitura rápida. Este é o outro do qual falamos, *A History of Knowledge* (1991), de Charles van Doren.

[RAND] Este é muito bom, um compêndio, e muito reconhecido. Não é só um sujeito que sintetiza coisas, ele escreve romances. É aquele cara que foi pego trapaceando no programa de televisão *Twenty-One*.* Os estudantes deveriam conhecer estas obras. Este é um bom livro para eles. Uma ótima referência. Mas se você quer começar uma bibliografia, há inúmeros livros.

[KROEGER] Você disse, numa das outras aulas, que há seis páginas de referências bibliográficas no seu último livro, *From Lascaux to Brooklyn* (1996). Este livro está lá?

* Charles van Doren era um professor de inglês da Columbia University que, em 1964, venceu um programa de perguntas e respostas na televisão, chamado *Twenty-One*. Ele admitiu, no entanto, ter trapaceado e obtido as respostas numa sessão do comitê local da Câmara de Comércio Interestadual e Internacional em 1959. No mesmo ano, ele renunciou à docência na Columbia.

[RAND] É um dos livros. Não é possível ser um designer instruído sem ler este livro ou um outro equivalente. Você simplesmente não está preparado. Quer dizer, simplesmente não sabe.

[KROEGER] No primeiro capítulo, ele trata das abordagens artística e estética entrelaçadas. Diz que não conseguiu encontrar uma palavra que combinasse ambos os termos, algo como a "estética da arte".

[RAND] Podemos falar sobre isso – e há muito o que falar. Nesse primeiro capítulo, bem na primeira página, ele diz: "Por uma das perversidades irônicas que surgem com frequência no decorrer da história, a existência de obras de arte – das quais a formação de uma teoria estética é dependente – torna-se um empecilho à própria teoria sobre elas. Uma razão para isso é que essas obras são objetos que existem externamente e fisicamente. No senso comum, a obra de arte é em geral identificada com o edifício, o livro, a pintura ou a escultura, cuja existência é separada da experiência humana. Uma vez que a obra de arte propriamente dita é o que esse objeto faz com a experiência e dentro dela, o resultado não favorece o entendimento. Além disso, a própria perfeição de alguns desses objetos, o prestígio que possuem devido a uma longa história de inquestionável admiração, criam convenções que impossibilitam um discernimento novo e espontâneo. Quando um objeto artístico chega a alcançar a condição de clássico, ele de certa forma se torna isolado das condições humanas sob as quais foi produzido, bem como das consequências que ele acarreta à experiência da vida real".

Esse parágrafo é a essência do livro inteiro. A arte é algo que não se vive como experiência, mas que é encontrada no museu. O autor defende que a arte está em todos os lugares.

[KROEGER] Arte no museu é um desdobramento bastante recente.

A ARTE DEVERIA ESTAR NO QUARTO, NA COZINHA, NÃO APENAS NOS MUSEUS.

[RAND] Os museus separaram a arte da experiência cotidiana. A resposta está no problema. O problema é que ela está isolada de onde deveria estar. A arte deveria estar no quarto, na cozinha, não apenas nos museus. Houve uma época em que os museus eram sempre vazios. Quando eu frequentava a escola de arte, costumava ir ao museu para pintar – nunca tinha ninguém. Mas agora é impossível.

[KROEGER] Você acha que as pessoas estão procurando algo que dê significado às suas vidas?

[RAND] Não sei; não me pergunte. Você terá que perguntar a um psicólogo. Este livro *Art as Experience* trata de tudo – não há um assunto que ele deixe de fora... Este é o livro mais famoso de Dewey. Todos os estudantes deveriam lê-lo.

[KROEGER] Como você relaciona – ou é possível relacionar – a experiência da leitura com a prática do design?

[RAND] Isso não é possível. É como comer pão – ele é um nutriente quando você corre, mas você não come pão [e necessariamente sai correndo]; aqui há, porém, um nó da questão que talvez incomode.

[KROEGER] O fato de que talvez você não se torne um bom designer apenas por ler este livro.

[RAND] Ser capaz de fazer algo, explicar e entender o que você está fazendo – é, como dizia Henri Matisse, como se sentar numa poltrona macia, entende? Isso te leva a alguma coisa.

ART AS EXPERIENCE

JOHN DEWEY

estruturas baseadas em grid

1. tabuleiro de xadrez 2. flutuação 3. gradação 4. ritmo 5. movimento

[KROEGER] Quero falar sobre os estágios iniciais do design, os fundamentos básicos , uma possível abordagem do ensino do design gráfico. É assim que eu começo: estudos de intervalos de linhas, questões relativas à cor, familiarizar os alunos com a ideia de composição. (1-14)

[RAND] Por que você chama isso de linha curva ou forma curva? Deveria ser linha curva – uma passiva, uma ativa; qual é passiva, qual é ativa? (15-17)

[KROEGER] A ideia é relacionar as formas umas às outras. Uma forma é passiva em comparação a uma forma ativa, dentro de um contexto. Os outros exemplos são estudos

desenvolvimento de formas orgânicas, curvilíneas

15 16 17

15. duas formas, passiva comparada com ativa
16. passiva, ativa, mais ativa, com a adição de um elemento linear
17. da passiva à muito ativa (cinco elementos oscilantes)

desenvolvimento de composição com linhas verticais: quatro linhas pretas e cinco brancas

6. uniforme / estático
7. estático / preto dominante
8. estático / branco dominante
9. progressão / branco aumenta, preto permanece o mesmo
10. progressão / preto aumenta, branco permanece o mesmo
11. progressão / preto aumenta, branco aumenta, mesma direção, coeficientes diferentes
12. progressão / branco diminui, preto aumenta
13. progressão / preto diminui, brranco aumenta
14. composição randômica de linhas usando elementos comuns da matriz

de cor: molhado e seco, quente e frio, bem e mal, tombar e esconder. (18-23)

[RAND] Sei. Por que isso é molhado? Por que é seco? Você está apenas dizendo isso. Não parece molhado. Qual a diferença? Isso é difícil de fazer. Você está envolvido numa filosofia e numa psicologia bastante complicadas. O molhado para uma pessoa pode ser o seco para outra.

comunicação de palavra com dez elementos quadrados

18. molhado 19. seco

20. quente 21. frio

22. tombar 23. esconder

VOCÊ FALA SOBRE DESIGN E NÃO HÁ DEFINIÇÃO.

Tudo é relativo. Design é relação. É assim que se começa a fazer design. Você diz o que é o design? Isso é importante. Se disser que design é relação, já está dando algo aos alunos. Isso é elementar mas eles não sabem disso ainda, quando leem essas imagens. Se não souberem a teoria básica, vão achar que devem memorizar tudo. E isso é impossível.

[KROEGER] É o que estou tentando abordar. Qual a melhor maneira de ensinar design para alunos de graduação?

[RAND] Você tem que definir todos os seus termos, definir o que é o design. Você sabe o que o design é? O que é design? Os alunos têm de entender que diabos estão fazendo. Nas escolas de arte,

TODOS TÊM IDEIAS DIFERENTES SOBRE O QUE SEJA DESIGN.

as pessoas assumem que todo mundo entende tudo, mas não é verdade. Você fala sobre design e não há definição, e todos têm ideias diferentes sobre o que seja design. Alguns pensam que é a gravata do pai. Outros pensam que é a camisola da mãe. Outros ainda acham que é o tapete da sala. Outra pessoa está pensando que é o papel de parede do seu banheiro. Entende? Isso não é design. Isso é decoração.
Qual a diferença entre design e decoração?
Os fundamentos são muito importantes! Essas relações não são o fundamento, não há nada de fundamental nelas. Pelo contrário, trata-se de algo realmente sofisticado. Não sei como era ensinado na Schule für Gestaltung em Basileia. Suponho que fosse feito a partir de exemplos, não de teoria.
[KROEGER] Podemos exemplificar. Esse cartaz é um bom exemplo de design. Essa cadeira é um bom exemplo de design.
[RAND] Tudo é design. Tudo!
[KROEGER] Dessa forma, o que temos? Temos bom design ou mau design?

UCLAB
CDEFG
HIJKLM
NOPQR
UCLA Summer Sessions 1993
STUVW
University of California, Los Angeles 310 825 8355
XYZ93

[RAND] Isso mesmo.

[KROEGER] E como ficamos?

[RAND] Você faz perguntas que não têm respostas. Há noções sobre coisas que são autoexplicativas por princípio. Todos concordam. Mas há outras que não são apriorísticas, sobre as quais não há consenso. Por exemplo, você sai, o sol está brilhando, e todos estão de acordo que isso é muito agradável. Mas quando se trata de ilustrar a umidade ou a secura, é diferente. Você tem que estabelecer uma relação. Isso tem que ser relacionado de alguma forma a algo que te dê um parâmetro. É preciso ter alguma pista visual. É assim que você mostra o seco e o molhado. Isso não se faz da maneira que você fez. Se você não explicar, não será compreendido. Mas se, por exemplo, temos um padrão de pontos brancos num fundo preto, pode haver uma ideia de umidade a partir da associação com gotas de chuva. Do mesmo modo, há muitos outros tipos de associação incluídos nessa figura. Veja que você está lidando com um assunto bastante complexo...

[MARION RAND] Ocorreu-me que deve haver alguns livros que poderiam te ajudar, livros que explicariam as bases do design.

[KROEGER] *Language of Vision* (1944), de György Kepes?

[RAND] Não, não, não! Esse é blá-blá-blá filosófico.

[MARION RAND] Kepes não.

[RAND] Não há nenhum livro comparável ao *Pedagogical Sketchbook* (1953), de Paul Klee. Mas esse é muito difícil, é enraizado na Bauhaus.

[MARION RAND] Deve haver gente neste país ensinando isso. Algo que tenha conteúdo introdutório. O que acha, Paul?

[RAND] Você conhece o *Graphic Design Manual – Principles and Practice* (1965), de Armin Hofmann? Esse não é um livro de estudo – consiste apenas de exemplos com legendas curtas, mas é melhor que nada. É um material bonito, tudo nele é bonito.

[KROEGER] Todos tendem a copiar os exemplos porque não entendem a teoria que está por trás deles.

[RAND] Acho que você consegue ter uma ideia muito boa se olhar para o que tem ali. Aprendi vendo imagens. E não sentaria para escrever um livro de fundamentos. Dá trabalho fazer um realmente bom.

O PONTO NÃO É SAIR DO GRID. O PONTO É PERMANECER NELE E FAZER ISSO CORRETAMENTE.

APRENDI VENDO IMAGENS.

[KROEGER] Não há bons manuais disponíveis. Nós mostramos exemplos de bons trabalhos e damos aos estudantes aulas sobre história do design.

[RAND] Você pode fazer isso por meio de exemplos, mostrando. Pegue o livro do Armin Hofmann, faça ampliações, ponha na parede e as discuta. Faça comentários elementares, como os princípios de um grid... Você conhece os princípios dos grids?

[KROEGER] O grid como discutido no livro de Josef Müller-Brockmann, *Grid Systems in Graphic Design* (1961)?

[RAND] É, isso. Há muitos erros nesse livro. Você o conhece?

[KROEGER] O trabalho do autor é tão mecânico que, não sei, acaba caindo naquele padrão rígido de obedecer ao grid acima de tudo. Müller-Brockmann se prende demais a ele, nunca foge do grid. Nem todo mundo pode fazer isso.

[RAND] Bom, mas não é essa a questão. O ponto não é sair do grid. O ponto é permanecer nele e fazer isso corretamente. A razão pela qual as pessoas querem sair é que elas não sabem o que estão fazendo quando estão dentro dele. A ideia do grid é que ele te oferece um sistema ordenado ao mesmo tempo que permite muitas variações. Você decide quando mudar. Um quadrado pode ser grande de um jeito ou de outro, mas há um jeito em que toda a área é ocupada. Quer dizer, isso não tem mais nada a ver com o grid, e você acha que está fazendo algo incrível só porque está saindo dele.

[KROEGER] Eu não diria incrível.

[RAND] Então por que você faz? Não há motivo para isso. Vou mostrar os princípios de um grid simples e como fazê-lo. Esse modo único de que você está falando, em que tudo é a mesma coisa. Certo! Este é um outro modo. Há diferença entre este e aquele. E você continua dali, sabe que este se torna aquele, e depois se transforma neste novamente. Mas o grid permanece. É só o interior que muda, e é isso que faz a coisa ganhar vida. **(24)**

[KROEGER] Isso se refere ao enunciado de Alfred North Whitehead sobre conservação e mudança?*

* "Há dois princípios inerentes na natureza mesma das coisas, recorrentes em facetas particulares qualquer que seja o campo que exploramos — o espírito da mudança e o espírito da conservação. Nada que seja real pode existir sem ambos. A simples mudança sem conservação é uma passagem do nada para o nada [...]. A simples conservação sem mudança não pode ser mantida. Porque, acima de tudo, há um fluxo de circunstâncias e o frescor do ser evapora-se sob a mera repetição."

[RAND] Imagino que sim, mas eu não estava pensando em Whitehead. Isso é senso comum.

[KROEGER] Mas seria aplicável, se temos a conservação do quadrado e a mudança dentro dele...

[RAND] Tem mais a ver com unidade e variação. Agora, se você não fizer nada além disso, sabe como é, vai ficar chato de novo. E então você continua, eternamente, procurando variações. Quer dizer, isso é o essencial. É absolutamente fundamental, mas muito pouca gente sabe ou fala sobre isso. Nunca vi isso ser dito.

[KROEGER] Por que os designers não conversam sobre essas coisas?

[RAND] Bem... porque eles não sabem. Não é porque querem guardar um segredo. Eles simplesmente não sabem. Mas se você olhar para essas coisas e tentar decifrá-las, talvez consiga. Então é assim que funciona, não há mistério. Isso é claro! E isso é parte da psicologia da Gestalt. Conhecemos a diferença entre a parte e o todo – o todo é mais que a soma de suas partes. A discussão a respeito do que acontece com as formas, os problemas sobre linhas, sobre a relação entre figura e fundo, tudo isso é considerado pela psicologia da Gestalt. Todas essas coisas que você faz são problemas de figura e fundo. Tudo é percepção! (25-27)

[KROEGER] Mesmo os projetos mais sofisticados.

[RAND] Ninguém está dizendo que é mais sofisticado – todos os projetos são em certa medida sofisticados. Veja, em primeiro lugar temos que desenhar o grid, decidir suas dimensões. Isso é importante. Mecanicamente, o grid é baseado na fonte tipográfica. Considere o corpo da letra e o entrelinhamento. Não há referência a isso aqui. De repente, você vai de uma coisa a outra, depois mistura tudo, mistura fontes convencionais com fontes sem serifas. Por quê? Isso não tem sentido algum para os alunos sem que eles entendam o que estão tentando fazer, sem entender o que é design. O que é design? Você sabe? Você tem uma definição para design?

questões de figura/fundo

25

26

27

O TODO É MAIS QUE A SOMA DE SUAS PARTES.

[MOOKESH PATEL*] Para mim, design é ser capaz de traduzir problemas de comunicação a um público-alvo.

[RAND] Sim, mas não é isso o que o design é. Isso me diz apenas o que você deve fazer. Não explica o que é.

[PATEL] Como substantivo, é um projeto.

[RAND] Um projeto de quê?

[PATEL] Poderia ser um projeto de qualquer coisa.

[RAND] O que você faz com sua definição? O que um estudante faz com uma definição como essa?

[PATEL] Com o projeto, o que eles fazem?

[RAND] Nada.

[PATEL] Eles tentam entender a diferença entre...

[RAND] Espere um segundo! Você disse que o design é um projeto. Mas o que um estudante faz com essa definição? Praticamente nada. Um projeto, um leiaute, ponto final. Nada. Isso não traz quaisquer possibilidades futuras.

[PATEL] Então como você acha que deveríamos proceder?

* Professor associado, atual titular da cadeira de Comunicação Visual na Arizona State University (ASU).

[RAND] Estou te perguntando. Há muitas definições para design, mas "um projeto" é uma definição de dicionário, como uma definição de estética. Estética é uma filosofia da beleza. E daí? O que você faz com essa explicação? Definir termos é bem diferente. Você pergunta para um estudante: "o que é isso?". O estudante responde, e está correto, mas isso não te leva a lugar algum. Uma definição tem que levar a algum lugar, tem que gerar alguma coisa.

[KROEGER] A solução? O próximo passo? O que ela pode gerar?

[RAND] Você nem definiu isso ainda. Então como pode saber o que vai originar? Se você define, ele produz automaticamente. O que é estética? Se você estava lendo Dewey, porque não olha isso lá?

[KROEGER] Bem, ele define estética. No processo artístico, você tem o fazer (*doing*) e o produzir (*making*) arte,* e quando isso se interrompe...

[RAND] Essa não é uma definição de estética.

[KROEGER] A arte é fazer e produzir coisas e a estética é a

* Ambos poderiam ser traduzidos por "fazer", em português, mas a ideia do produzir (*making*) está mais ligada ao trabalho, à fatura da arte, enquanto o fazer (*doing*) se refere ao contexto mais amplo, que envolve a concepção, a produção (*making*) e a experiência da arte. [N. T.]

apreciação e a observação dessas coisas que foram criadas.

[RAND] E o que isso quer dizer? A apreciação? Você aprecia alguma coisa – isso significa que você entende ou gosta dessa coisa? De qualquer forma, ainda não decidimos o que é design, ou você não decidiu. [*risos*] Toda arte é feita de relações, toda a arte. É por onde você deve começar. Design é relação. Relação entre forma e conteúdo. O que significa isso? Que é assim que se deve ensiná-lo. E você deve ensinar isso até que os alunos estejam mortalmente entediados. Você continua fazendo perguntas, mas precisa entender antes de fazê-las. Portanto, se eu falo em "relação", o que estou querendo dizer?

[Para Patel] Vejamos. Você está de pé aí. Está de cinza: camisa cinza, linhas cinza, cinza claro, cinza escuro. Você tem toda uma sinfonia de cinzas. Um é 20%, outro, 50%, todos são relações – percebe? Seus óculos são redondos. Seu colarinho é diagonal. Sua boca é uma oval. Seu nariz é um triângulo – isso é o que é design. Agora, se eles não entendem isso, não sabem exatamente o que estão fazendo. Estão apenas criando desenhos mecânicos. Tudo no design é uma relação. Isto para isto, isso para isso, aquilo para aquilo, tudo se relaciona, é sempre um problema. No momento em que você cria algo, você estabeleceu uma relação boa ou má – mas na maior parte do tempo ela é péssima... Entendeu?

[KROEGER] É por isso que ninguém fez isso antes?

[RAND] Fez o que antes?

[KROEGER] Tentou colocar no papel essas ideias sobre design.

[RAND] Só posso responder por aquilo que eu mesmo fiz, então não sei – no mundo todo, com certeza alguém deve ter feito algo parecido. Mas não me preocupo. Se você se preocupar com isso, nunca vai fazer nada. Porque é bem provável que alguém tenha feito o mesmo que você. Então, quando faço alguma coisa, esqueço dessa questão – a menos que eu saiba que aquilo já tenha sido feito – nesse caso, seria estupidez da minha parte fazê-la de novo. Essa é a razão pela qual, quando eu faço algo, quando cito alguém, coloco notas de rodapé. Eu não engano, como muitos autores, que nem mesmo citam. Fingem que tudo o que escrevem é de sua autoria. Não é. Há muitas obras assim.

[PATEL] A cultura é um grande tema. Há certas coisas que são apreciadas numa cultura, mas não em outras. Como você vê isso? Como avalia essa diferença?

[RAND] Dê-me um exemplo.

[PATEL] A suástica. Numa cultura, é muito boa, em outra é má.

[RAND] Sim, mas você não está falando de design; está falando de semiótica, do significado dos símbolos. Isso não tem nada a ver com design.

[PATEL] Há uma outra coisa, a influência das formas do design na apreciação do todo. Por exemplo, aquilo que você encontra em outras culturas, mas que não acharia esteticamente agradável. Como você vê essa diferença, ou como a avalia?

[RAND] Bom, você não está... está concluindo que essa coisa não é esteticamente apreciada. Penso que isso é uma questão de símbolos. Não tem nada a ver com estética, na verdade. Para o público em geral, e para a maioria das pessoas, a estética não é uma questão. Para apreciar coisas esteticamente é preciso entender de estética, porque é isso o que se está fazendo quando se olha para um quadro. Você o está recriando. Se você é esteticamente informado, recria esse quadro. Um quadro é constantemente recriado por você ou por qualquer um que o esteja olhando. A mesma coisa acontece com o design – não há diferença.

[PATEL] Como profissionais do design, a maior parte do

tempo estamos lidando com a estética do cliente, ao contrário de...

[RAND] Bem, este é o problema que você tem em ser um designer e se relacionar com clientes. Reconheço que este seja um dos problemas. Não olhamos para as coisas da mesma maneira. Então você argumenta, se desdobra, faz tudo o que pode, planta bananeira, só para marcar sua posição – porque as duas partes não estão falando sobre a mesma coisa. Você não deveria conversar sobre estética com o cliente.

[KROEGER] Porque a esposa dele pode gostar de roxo...

[RAND] É verdade! Se você tiver sorte, a esposa do cliente não vai gostar de roxo! [*risos*] Mas o que fazer? Estética é a única coisa sobre a qual você pode conversar. Assim como ser um designer é um conflito entre você e o problema ou entre você e o cliente, o design é um conflito entre forma e conteúdo.

O conteúdo é basicamente a ideia, é isso que é o conteúdo. Forma é como você trata a ideia, o que você faz com ela. Este é exatamente o significado do design: o conflito entre forma e conteúdo, sendo a forma o problema. Ou seja, é como você faz, como você mostra algo, como você pensa, como fala, como dança; a coreografia é o conteúdo. Caso isso pareça simples demais para você...

[KROEGER] *risos*

[RAND] Por um lado, isso não é simples, mas, por outro, é. O casamento da forma com o conteúdo é a realização do design. Essa é uma definição tão boa que qualquer um pode te dar. Mas você não a encontrará num livro.

[MARION RAND] Acho que é hora de irmos; estão à nossa espera.

[RAND] Fiquei esgotado com esta sessão.

[KROEGER] Realmente, te tirei o couro e o osso.

[RAND] Quando não tenho nada a dizer, é porque estou exausto.

[KROEGER] Podemos ligar o gravador e você ouve a fita.

[RAND] Ah, isso não!

O CASAMENTO DA FORMA COM O CONTEÚDO É A REALIZAÇÃO DO DESIGN.

CONVERSA DOIS

O PROC
DESIGN
COMPLEX
SIMPLIC

ESSO DO
VAI DA
KIDADE À
CIDADE.

[RAND] Alguém arriscaria começar com alguma definição?

[ALUNO] A comunicação pode criar causa e efeito.

[RAND] Isso é correto, mas não nos leva a lugar algum. Mais alguém?

[ALUNO] Comunicação é causa e efeito.

[RAND] A comunicação sempre causa um efeito. Ou te põe para dormir ou produz alguma coisa. Tentem de novo!

[ALUNO] O design manipula e te leva a algum lugar.

[RAND] Isso é melhor! Leva a algum lugar.

[ALUNO] O design é bidimensional.

[RAND] Por que ele tem que ser 2D ou 3D? Por que tem que ser exatamente alguma coisa? Manipulação é parte dele – no mínimo, sabemos que temos de manipulá-lo e o que estamos manipulando... Sim, e o que mais?

[ALUNO] Forma e conteúdo.

[RAND] Design é a manipulação da forma e do conteúdo. Com esse tipo de definição você sabe que está indo a algum lugar, que está fazendo algo. Então eu me sento e eu manipulo – o que significa manipular? O que você faz? O processo que se desenvolve é a manipulação. Aquilo que se está fazendo. O conteudo é a ideia, ou tema. A forma é o que se faz com essa ideia. Como eu a trato? Uso cor? Preto e branco? Faço-a grande? Pequena? Faço-a tridimensional ou bidimensional? Uso elementos da moda, ou coisas mais sérias? Uso Bodoni ou Baskerville? Todas essas são perguntas que você se faz. São parte do aspecto manipulativo do design.

Para que haja uma discussão sobre um tema, porém, é necessário que se defina sobre o que se está falando. A maior parte do tempo as pessoas falam sobre design e ninguém entende qual é o tema. Ninguém jamais pensa na definição. Alguns pensam o design como algo que notaram no modelo de uma gravata, no papel de parede de um banheiro ou no padrão de um tapete. Esse é o senso comum a respeito do design. Isso não significa design. É parte do processo dele, mas o que ocorre é que isso é apenas decoração. É como a maioria das pessoas, como um leigo o define. Design é um termo infeliz, mas apesar de tudo é a palavra que nos coube, da qual não podemos nos livrar. Remonta ao pré-Renascimento, quando [o artista e arquiteto Giorgio] Vasari disse que o design é fundamental, a base para toda arte – pintura, dança, escultura, escrita –; é essencial para todas as artes. É a manipulação da forma e do conteúdo em todas elas.

Desse modo, o design de produto e o design gráfico não são diferentes do design da pintura. Se você leva essa ideia a sua conclusão natural, conclui que não há diferença entre design e pintura, ou design e escultura – tudo é a mesma coisa. Se houver alguns pintores aqui, tenho certeza de que discordarão radicalmente, mas isso não importa. Se vocês conhecem alguém que seja pintor, tragam-no aqui.

[ALUNO] Eu sou pintor, mas concordo plenamente.

[RAND] Ok, então agora posso ir embora.

[ALUNO] A forma, a cor, os mesmos problemas.

[RAND] Se você é um péssimo pintor, então você é um péssimo designer. Certo?

[ALUNO] Espero que não.

[RAND] Eu disse "se". Ok, acho que nós entendemos o que é design. Outro tipo de definição é que o design é um sistema de relações – assim como a pintura. São as relações entre todos os aspectos de um problema, ou seja, a relação entre você e o pedaço de tela, entre você e o estilete, ou a borracha, ou a caneta. A relação entre os elementos que são parte do projeto, sejam eles pretos ou brancos, linha ou volume.

Design é também um sistema de proporções, isto é, a relação entre tamanhos. Posso levar o dia todo, e vocês também podem, pensando nas relações. Elas são infinitas.

Essa é uma das razões pelas quais o design é tão difícil de se realizar: porque toda vez que você faz alguma coisa, a probabilidade de cometer erros é enorme.

O processo do design vai da complexidade à simplicidade. A parte da complexidade é preenchida com todo tipo de problemas terríveis. A partir daí, tenta-se avaliar e pesar esses problemas para torná-los simples; esta etapa é muito difícil.

Acho que Picasso disse que a pintura é um processo de eliminação, isto é, você precisa escolher algo para eliminar. Esse é um dos motivos pelos quais nós começamos com coisas muito complexas. Mas no final o produto deve ser simples. E isso é difícil para qualquer um! Fim da aula!

[STEVE ATER*] Uma das perguntas que eu gostaria de fazer é o que é importante estudar para lecionar design gráfico numa universidade ou no ensino médio? O que é importante aprender?

[RAND] Acho que é importante estar informado. Saber o que você está fazendo. É importante ser capaz de definir

* Ex-professor assistente de design gráfico na Arizona State University (ASU).

NO FINAL O PRODUTO DEVE SER SIMPLES.

e definir seu tema. É importante saber, neste caso, história do design gráfico e história da arte, que são a mesma história. É importante conhecer a estética – o estudo de forma e conteúdo –, que nós também atribuímos ao design. [Estética e design são] a mesma coisa. Estética é o estudo do design, o estudo das relações, e é bastante complicada. Eu sempre recomendo que as pessoas leiam; pouquíssimas pessoas querem ler. Especialmente, se você conseguir, o *Art as Experience*, de John Dewey, mesmo que pegue emprestado na biblioteca. Depois da primeira frase, você vai anotar e se esquecer do assunto. Se não quer ler esse, leia o livro de Monroe Beardsley, *Aesthetics: Problems in the Philosophy of Criticism* (1958), com cerca de duzentas páginas a mais. Há vários outros, ainda maiores. Há os *Cursos de estética* (c. 1820) de Hegel, que tem mais de mil páginas. Mas de fato acredito que quem não leu *Art as Experience*, não foi instruído em design. Aviso, porém, que você provavelmente vai deixá-lo de lado após a primeira frase. Aqueles que o lerem vão se destacar e serão gratos. Isso responde sua pergunta?

[ATER] Se formos começar a estudar design, que tipo de coisas deveríamos aprender? O que é importante? Devemos usar materiais como guache e papel colorido recortado ou rasgado?
[RAND] Com certeza. É importante usar as mãos; isso é o que distingue o designer de um boi ou de um operador de computador. Não quero dar a impressão de que sou contra computadores, porque eu acabei de terminar meu livro, ele tem cerca de duzentas páginas e cada página foi feita no computador. Eu não o fiz. Essa parte do trabalho foi feito por alguém capacitado. Sou velho demais para esse tipo de coisa. Toda vez que começo a aprender, tenho que fazer isso e mais aquilo...
Quando o computador foi introduzido na Yale University, considerei o fato uma calamidade. Não porque eu seja contra o computador. Não sou. Acho que são máquinas incríveis. Mas a qualidade em si mesma – aquela sedutora qualidade – é também o que há de mau nelas. Especialmente para iniciantes, que precisam aprender os fundamentos do design. Se você tem que trabalhar num computador e ler John

O COMPUTADOR NÃO TE ENSINA COMO SER UM DESIGNER.

Dewey, ler passa a parecer ainda mais penoso. Então é preciso decidir qual é mais importante. Se escolher o computador– e tornar-se um bom operador– , você vai se enredar numa agência de publicidade, sentado diante dele pelo resto da sua vida. Isso porque você vai ficar melhor nisso dia após dia, e se tornar cada vez mais útil para o seu chefe, por isso nunca vai fazer nenhum projeto.

Quem fez meu livro no computador foi um aluno da Rhode Island School of Design (RISD). Agora consegui um emprego para ele – numa grande agência de publicidade em Nova York – e é isso que ele vai acabar fazendo, mas ele veio trabalhar comigo para fazer design. Portanto, é muito importante que vocês vejam o computador de maneira apropriada e o coloquem no devido lugar.

O fato é que se pode usar o computador e todos os programas, o Quark, e todo o resto – isso pouco importa quando comparado ao problema de entender o que você está fazendo como designer. Porque o computador não te ensina como ser um designer. De jeito nenhum!

Vocês sabem que quando a máquina de escrever foi inventada, sua grande conquista foi destruir a escrita à mão. Se vocês olharem para manuscritos anteriores à existência da máquina de escrever, verão o que estou querendo dizer. Mas eu penso – e não sou Nostradamus – que algo similar vai acontecer à arte por causa do computador. Creio que essa relação é prejudicial. Posso estar errado, mas é essa minha opinião.

[ALUNO] Nós falamos sobre processos – o modo como fazemos design.

[RAND] Isso nada tem a ver com a definição do design, mas como você ou qualquer pessoa da área de criação trabalha? Graham Wallas, autor de *The Art of Thought* (1926), foi inteligente o bastante para inventar um método de gestação de ideias: primeiro investigar todos os aspectos do problema, fazer esboços – grosseiros ou bem-acabados. Essa é a primeira parte do processo, chamada de preparação. A segunda parte é a incubação. Você simplesmente se esquece do assunto e o deixa incubando. Deixa-o cozinhar em fogo brando na sua mente. Isso não é nada que eu tenha inventado. Isso é algum rapaz muito brilhante descobrindo como essas coisas funcionam. Sei que funciona no meu caso, que se eu estou fazendo algo e tenho dificuldades com esse algo, eu esqueço e volto a ele na semana seguinte ou no dia seguinte e alguma coisa acontece. Portanto, o período de incubação é muito importante – esquecer o

UCLA
Extension
Winter
Quarter
begins
January 6
1990

problema por uma semana, ou um dia, ou o tempo que for. Você decide qual é esse tempo. A terceira etapa do processo é a revelação, ou iluminação. Você esperou uma semana e de repente há uma revelação. Surge uma ideia. Depois disso, você a põe em prática e verifica se ela corresponde ao que gostaria de fazer. Depois de ter toda a ideia executada, você olha para o resultado e o avalia. Vê se funciona, se as pessoas concordam, ou se você discorda.

Portanto este é o processo do design, ou o processo criativo. Começar com um problema, esquecer o problema, o problema se revela ou a solução se revela, e então você o reavalia. Isso é o que se faz o tempo todo.

[ALUNO] Então, quando você projeta, a solução não vem simplesmente a você?

[RAND] Bom, às vezes ela vem, se você tiver sorte.

É bastante raro. Às vezes você acha que ela veio. Quer dizer, acha que tem uma ótima ideia e ela não é tão ótima assim. Mas esse é o processo. Se você for talentoso e honesto, você olha e diz, "isso é péssimo, esqueça!", e começa tudo de novo. Isso acontece o tempo todo – eu raramente fiz um trabalho que não tivesse de refazer umas dez vezes. Desagradável, não? Mas é assim, e olha que eu tenho muita experiência.

[ALUNO] Você acha que é possível criar um projeto perfeito?

[RAND] Acho que se você for Deus, é possível. Não, não é possível, porque se o design é um sistema de relações, então cada uma das relações tem que ser perfeita.

EU RARAMENTE FIZ UM TRABALHO QUE NÃO TIVESSE DE REFAZER UMAS DEZ VEZES.

E como conseguir isso? Talvez o verde seja muito vivo ou escuro demais. Talvez o cinza esteja muito apagado. Quem vai saber? Talvez haja muito verde ou muito pouco cinza, ou seja lá o que for. Talvez no caso do dedo que o Deus de Michelangelo aponta [na pintura do teto da Capela Sistina], teria sido melhor fazê-lo apontar para um outro lado, ou aqui para nós. Quem sabe?

[ALUNO] Então, a menos que você seja Deus, o projeto nunca pode ser perfeito. Você acha que está certo nunca ficar satisfeito?

[RAND] Infelizmente, tenho que concordar que esse é um futuro um tanto tenebroso. Sinto muito, mas é assim. Eu nunca paro de mudar o que faço até que a coisa esteja impressa, incluindo meus livros.

[ALUNO] Você diria que é difícil encontrar satisfação no design?

[RAND] Não! De jeito nenhum. Eu diria justamente o oposto. Quando você soluciona um problema, acha que está no céu. Você pode mudar de ideia mais tarde, mas já teve a oportunidade de se sentir no céu. Isso não precisa durar muito. Você consegue pensar num outro trabalho que te dê essa satisfação? A satisfação de solucionar um problema é enorme! É por isso que você precisa entender o que está fazendo e tem que perceber quando um problema é um problema. Se você não tem ideia do que está fazendo, como vai saber onde está a questão? Você olha para aquilo e não gosta, mas

QUANDO VOCÊ SOLUCIONA UM PROBLEMA, ACHA QUE ESTÁ NO CÉU. VOCÊ PODE MUDAR DE IDEIA MAIS TARDE, MAS JÁ TEVE A OPORTUNIDADE DE SE SENTIR NO CÉU.

NÃO SE MISTURAM FONTES. É ESTUPIDEZ.

percebe que há certas coisas como proporção, contraste, textura etc. Então você checa essas coisas [e pensa:] "Ah! Eu não gosto dessa proporção. Isso está de mais, aquilo está de menos".

[ALUNO] Então o problema pode ser resolvido?

[RAND] Você quer dizer, a ideia pode estar lá, mas a forma pode não estar resolvida? Sim, muitas vezes é esse o caso.

[ATER] Temos um exemplo na frente de vocês.

[RAND] A marca da Fedex seria um bom problema para seus alunos tratarem em aula. Como ela poderia ser melhorada? Comecem de novo. Vocês acham que ela é perfeita? O que há de errado com ela? Vocês percebem o que está errado nela? Ela tem esses estilos misturados, o que é ridículo. Não se misturam fontes. É estupidez. É maneirismo, modismo, fazer porque outra pessoa está fazendo. Seria a única razão para fazer isso.
Em nossa área, há uma coisa traiçoeira chamada "ganhar a vida". Há muitos estúdios com muitas pessoas sem nada para fazer, então eles inventam projetos para

mantê-las ocupadas. Dessa forma, o que vão fazer é criticar outros estúdios de design ou escrever cartas aos clientes. Eles abordam meus antigos clientes e tentam convencê-los a mudar seu design. Isso me aconteceu várias vezes. Um estúdio de design decidiu refazer o projeto de identidade visual da ABC, por nenhum outro motivo senão o de tentar conseguir trabalho e manter seu estúdio ocupado. (Eu não esperava entrar nesse assunto.) Eles fizeram uma pesquisa e descobriram que, das três ou quatro grandes empresas de televisão – ABC, NBC e CBS –, a ABC era a única que não tinha [em sua marca] alguma coisa viva. Não havia galinhas, nem gansos, nem olhos. Era algo inanimado.

Se você seguisse aqueles pressupostos, decidiria pôr algo animado ali – uma cobra, um coelho, ou algo assim.

No fim, a empresa foi comprada por um daqueles conglomerados. O cliente ficou preocupado, e contratou um grupo de designers para criar novas marcas. Isso é verdade, e por alguma razão – eu nunca vi o que eles fizeram – todas foram rejeitadas. Outro sujeito de uma agência de publicidade pensou, então – porque não vamos a uma escola de arte, como esta? Talvez haja algum gênio andando por lá, alguém como Mozart, ou Haydn, ou Beethoven. Talvez seja essa a forma de resolver isso.

Enfim, eles foram e não conseguiram nada além de lixo. Depois disso tudo, resolveram fazer uma pesquisa de mercado com a marca da ABC que eu fiz – o resultado foi enormemente favorável à empresa, porque ele era amplamente reconhecido, quase 100% de reconhecimento. Eles pararam imediatamente o processo de redesenho. Essa é a razão pela qual ainda está em uso a marca que eu desenhei em 1962 – descontado o fato de que a andam deturpando. Afinaram e arruinaram o desenho, mas ainda é ABC. Enfim, isso é o que acontece em nossa área. Agora, esse problema do [logotipo da] Fedex é que não está resolvido – o que há de errado com ele? Acho que você deve propor isso como um trabalho de curso. Ou seja, o que está errado? Alguém?

[ALUNO] Eles tentam fazer a tipografia muito...

[RAND] Isso é de menos. Ele é suficientemente legível. Esse é o menor dos problemas. O que há de errado é que ele é psicológico, e não estético. O que dizer do design? O que você faz, basicamente, quando tem uma marca para projetar? Há várias letras com as quais você tem de lidar. Qual é a primeira coisa que você deve fazer?

[ALUNO] Olhar para as relações entre uma letra e outra?

[RAND] Sim, você sempre faz isso, mas o que mais? Qual

IBM® a primeira coisa que você faz se tem um nome muito comprido como Tchaikovsky? Você o abrevia. Bom, foi o que eles fizeram, mas isso geralmente não resolve, porque um cliente não quer seu nome abreviado. É fácil, fácil, vamos!

[ALUNO] Você comprime as letras.

[RAND] Como você as comprime?

[ALUNO] Com o entrelinhamento.

[RAND] Entrelinhamento? Mas o que precisamos é no sentido horizontal, não no vertical. O que você faz? Condensa. Certo! Você condensa as letras. Essa é a primeira coisa que faz. Quer dizer, isso não apenas reduz o volume, mas é mais prático, porque elas podem se acomodar em espaços pequenos, o que é sempre um problema com uma marca. Quando você desenha uma, deve pensar não apenas no quão grande ela vai ser, mas também em quão pequena, reduzindo-a até cinco milímetros. Esse é o processo físico envolvido no design de uma marca.

Portanto, quanto mais larga for a forma, mais difícil de reduzir. Não apenas isso, mas ao condensá-la – o que você faz quando a condensa? Falando apenas de estética. O que acontece esteticamente? O que mais? Você altera as proporções; você a torna um simples objeto, algo que é autocontido. Quanto menor ele é, mais autocontido. Por exemplo, essa é a ideia de uma moeda, vocês sabiam? É uma pequena coisa redonda. Portanto, você dá a ela mais presença. Algo que se esparrama tem menos presença. Tem presença física, mas não tem presença estética, você não concentra, não há um ponto focal.

[ALUNO] Ela se torna mais íntima.

[RAND] Sim, exatamente. É assim que você deve pensar – nos problemas, e não no design. O design é o resultado do seu pensamento. A solução para esses problemas vem em um segundo. Mas antes você focou esses pensamentos, considerou todas as possibilidades, porque rastreou, sentiu, procurou. Você não sabe o que está fazendo. Você está perdido. Está num labirinto.

QUANDO VOCÊ TEM UMA IDEIA, PERGUNTA A SI MESMO POR QUE NÃO A TEVE ONTEM EM VEZ DE HOJE.

Portanto, pensar é o fator número um.

Contudo, há pessoas que conseguem olhar para algo e resolver tudo num minuto. Eu posso fazer coisas bem rápido, mas o problema que tenho é com o processo – *como* vou fazer, não *o que* vou fazer.

A seta, por exemplo, no logotipo da Fedex, foi uma grande ideia, mas ela se torna parte do fundo, então você nem a vê. Isso é porque a relação figura/fundo se perde. Então, obviamente, a coisa mais fácil a fazer seria pintá-la de azul nesse contexto, apenas deixá-la azul. Eu não posso imaginar que alguém não tenha tentado isso, seja lá quem for que desenhou esse logotipo. Não posso imaginar, mas é possível – as pessoas evitam as coisas óbvias.

Vocês sabem o que disse Goethe – vou parafraseá-lo: que nós não vemos as coisas que estão debaixo de nossos olhos. Isso é verdade. Quando você tem uma ideia, pergunta a si mesmo por que não a teve ontem em vez de hoje. Você simplesmente não teve. Bom, com toda essa conversa eu posso deixar vocês com a noção de que ter ideias não é fácil. É muito difícil ter boas ideias, e também é muito difícil descobrir como executá-las. Portanto, vocês têm de fato um trabalho pela frente.

[ALUNO] O que você acha mais difícil: ter a ideia ou executá-la?

[RAND] Pode ser um ou outro, depende. Às vezes, se você der sorte, pode ter uma sequência de letras que se prestem à interpretação muito rapidamente. Por outro lado, você pode pegar uma palavra que só tem linhas verticais. É muito difícil de lidar com ela, mas esse mesmo fato pode tornar-se o ponto de partida para uma ideia. Você diz – as linhas são todas verticais, eu preciso de algumas formas arredondadas, então mistura caixas alta e baixa. Há mais letras arredondadas em caixa-baixa do que em alta. O problema sempre deriva do objeto; a solução sempre está escondida em algum lugar do problema, você já sabe, tem de procurá-lo.

[ATER] Uma outra questão. Em relação aos novos problemas que enfrentamos hoje, alguns deles são diferentes daqueles que havia quando você estava começando. Como fazemos para solucioná-los?

[RAND] Os problemas não são diferentes. Se você está

falando de problemas sociais ou da área do ensino, isso é outro assunto. Os problemas de design sempre foram difíceis. O bom design continua bom, não importa quando foi feito. Posso te mostrar marcas produzidas nos anos 1900 que parecem ter sido feitas ontem. Por que isso? O design não é datado. O design é universal e atemporal, o bom design.

Imaginem se fosse verdadeira a teoria de que o bom design tem que mudar constantemente – estaríamos todos desolados. Sempre que você fosse a um país estrangeiro e visse todos aqueles edifícios antigos, iria querer colocá-los abaixo. Claro, porque esperaria que eles fossem novos todos os dias. Esse conceito é tão estúpido e ridículo – a novidade não tem nada a ver com nada, o que importa é apenas a qualidade. Você não se preocupa com a novidade, apenas se preocupa se uma coisa é boa ou ruim, não se ela é nova. Quem se importa com isso?

[ALUNO] É um problema para um designer profissional optar por não usar o computador?

[RAND] Não acho que este seja um problema. É uma questão para estudantes que estão aprendendo design. Quer dizer, de repente, serem confrontados com questões mecânicas – que são excessivas. Você precisa ter uma mente lúcida e um caminho claro quando

está aprendendo design; não pode ficar só fuçando no computador.
Lamentavelmente, você tem que usá-lo, porque é assim, e não vai conseguir um emprego sem ele. Essa é a única demanda que nós não tivemos. Não era necessário saber como operar uma máquina de linotipo ou imprimir nossos próprios projetos – isso era delegado a outras pessoas. Você ainda pode encarregar outros disso, deixar outra pessoa fazer o trabalho no computador,

VOCÊ NÃO SE PREOCUPA COM A NOVIDADE, APENAS SE PREOCUPA SE UMA COISA É BOA OU RUIM, NÃO SE ELA É NOVA.

mas infelizmente não vai conseguir um emprego a não ser que você mesmo faça [o trabalho]
Vocês são jovens o bastante para absorver tudo isso; já eu sou velho demais. Minha esposa e eu tentamos, e temos o melhor equipamento – apenas não nos interessamos. Eu mal começo, já me levanto e mando tudo para o inferno [*risos*], especialmente quando

tenho alguém que pode fazer isso num piscar de olhos. Não garanto que eu não vá tentar aprender, mas até agora só o que consegui foi evitá-lo.

Não me entendam mal. Eu acho o computador um instrumento maravilhoso. Mas ele não tem nada a ver com trabalho criativo. Você não será um gênio criativo só porque tem um computador. O mais provável é que seja justamente o oposto. Você será apenas um operador. Mas a velocidade e a eficiência são simplesmente incomparáveis. Um computador nos velhos tempos consistia em tipos, desenhos, cor, cópias fotostáticas e impressões em cores. Vocês podem imaginar quanto tempo isso levava e quanto custava fazer? Hoje se faz isso em meia hora; costumava levar duas semanas, literalmente duas semanas. Há algo errado nisso, também, porque não te deixa tempo para ser contemplativo.

Você não tem tempo de sentar e pensar no que está fazendo; o computador fica te dando pontapés no traseiro enquanto

VOCÊ NÃO TEM TEMPO DE SENTAR E PENSAR NO QUE ESTÁ FAZENDO; O COMPUTADOR FICA TE DANDO PONTAPÉS NO TRASEIRO ENQUANTO VOCÊ TRABALHA.

você trabalha. Você sabe que ele está te dando esses chutes. Você não consegue parar de pensar nisso, porque ele é tão desgraçadamente rápido.
Eu devo ter reescrito meu livro umas 75 vezes por causa do computador. Sabe como é, vamos corrigir isso, vamos arrumar aquilo, e então voltamos atrás, e estou fazendo outro, e vamos consertar aquilo – simplesmente ficamos indo e vindo. Mas se não houvesse essa facilidade, trabalharíamos de outro modo. Acho que essa é a diferença principal, e um dos inconvenientes do computador. Ele é rápido demais. E, claro, isso é também uma virtude. Então o que você faz? Não me pergunte.

[ALUNO] Como você lida com um cliente que quer tomar decisões criativas, mas não tem nenhum conhecimento de design?

[RAND] Essa é uma questão difícil, porque depende, em primeiro lugar, de quanto você é bom e se você está certo ou errado. Quer dizer, se estiver errado, não tem nada em que se segurar. Então é uma questão impossível de responder. Ou você tem um cliente que é muito brilhante e correto – o que é muito raro, mas é possível. Estou tentando pensar... É quase impossível, mas acontece, de você não poder discordar de alguém.

Por exemplo, Steve Jobs, da Next, é um cliente muito durão. Se ele não gosta de alguma coisa, você a entrega e ele diz: “Está um lixo”. Não há discussão. Por outro lado, eu acho que tive muita sorte quando fiz a marca para ele. Depois que viu a apresentação do trabalho, ele se levantou – estávamos todos na sua casa, sentados no chão, estilo Hollywood, sabe como é, com a lareira acesa e um calor dos infernos lá fora. [*risos*] Ele se levantou, olhou para mim e disse: “Posso te dar um abraço?”. Isso sim é superar um conflito entre o cliente e o designer.
Nós não somos apenas designers, devemos lidar com os clientes politicamente, socialmente, esteticamente – é uma questão complicada. Se você estiver convencido de que está certo, bem, essa já é uma resposta possível. Só há uma única resposta para você, que é: pegar ou largar. Essa é a única, certo? O que mais há ali? Ou seja, se você está convencido de que está certo, então só pode ser independente, isso é tudo o que pode ser, o que significa que você provavelmente perderá seu emprego.
Num trabalho como *freelancer* não há problema, porque se o cliente não gosta, você diz: “sinto muito”. Supondo que ele já te pagou [*risos*]. Mas garanta o seu pagamento,

não importa o que faça, porque podem não gostar de um trabalho perfeitamente sensacional que você tenha feito e isso não é justo. Acho que vocês já sugaram sangue suficiente da minha cabeça dura [*risos*].

[ATER] Só falta uma questão.

[RAND] Mais uma questão. Sempre há mais uma questão.

[ATER] Como é trabalhar para você, como designer?

[RAND] Trabalhar comigo é a pior coisa, porque você nunca terá a chance de fazer projeto algum. Eu inclusive digo ao meu assistente – se eu tiver um – que ele nem ao menos sugira qualquer coisa. Simplesmente esqueça. Se ele tiver ótimas ideias, vá para casa e as execute, mas não me mostre. Há uma razão para isso. Muitos estúdios contratam uma porção de designers que não recebem crédito pelo seu trabalho – quem fica com o crédito é o diretor. Eu não faço isso. No meu estúdio, você faz apenas trabalhos braçais, *lettering*, trabalhos no computador ou cortar papel, ou o que seja.

TRABALHAR COMIGO É A PIOR COISA, PORQUE VOCÊ NUNCA TERÁ A CHANCE DE FAZER PROJETO ALGUM.

Não há projeto. Se eu um dia tivesse um estúdio onde você fizesse design, você receberia o crédito por ele. Porque acho terrível não fazê-lo. Entretanto, quando você está procurando emprego e quer aprender, deve passar por cima de todos esses luxos. Porque eu mesmo trabalhei para um designer com quem aprendi muito, embora ele levasse o crédito pelo meu trabalho. Assim é que são as coisas, não é?
Obrigado! Sem pedras, por favor! [*aplausos*]

DEPOIMENTOS

WOLFGANG WEINGART

PHILIP BURTON

JESSICA HELFAND

STEFF GEISSBUHLER

GORDON SALCHOW

ARMIN HOFMANN

O BOM
É UNIV
E ATEM

DESIGN

ERSAL

PORAL

WOLFGANG WEINGART

Em 1968, comecei a lecionar tipografia na Schule für Gestaltung em Basileia, na Suíça. Paul Rand esteve lá uma vez com Armin Hofmann. No subsolo, na sala escura do departamento de litografia, me senti honrado por encontrar com essa personalidade do design, internacionalmente conhecida, que vinha de um país onde – eu pensava – havia arranha-céus em qualquer cidadezinha.

Com o convencional aperto de mãos, veio a pergunta: "É esse o maluco do Weingart, Armin?". Eu tinha 27 anos na época, e só os *insiders* me conheciam como "maluco", mas Rand sabia de tudo, todos os segredos da área.

Nos 23 anos seguintes, conheci vários estudantes durante o Programa de Verão em Design Gráfico realizado pela Yale University em Brissago, na Suíça. Todos tinham uma história sobre seu professor Paul Rand. Como essas histórias eram, em geral, bastante contraditórias, fiquei cada vez mais intrigado com essa pessoa misteriosa e singular.

Philip Burton, um dos meus primeiros alunos na Schule für Gestaltung, tornou-se professor de tipografia e design gráfico em Yale, e por isso, em abril de 1986, tive a oportunidade de lecionar para a turma do primeiro ano durante uma semana. Paul Rand não pôde comparecer à aula de abertura – dirigir carros era cada vez mais difícil para ele, por causa de sua visão.

Burton, no entanto, recebeu um convite surpreendente: fomos chamados à casa de Rand em Weston, Connecticut – projetada por ele mesmo e onde trabalhou de 1952 até sua morte – para que apresentássemos a ele e a sua esposa, Marion, uma aula particular. A aula foi seguida de um jantar maravilhoso e, no decorrer da noite, todas as histórias que eu conhecia sobre a família Rand se tornaram irrelevantes. Começamos uma amizade que durou até novembro de 1996, quando ele morreu em Norwalk, perto de sua casa tranquila, rodeada de altíssimas árvores.

Nós nos encontrávamos regularmente nos Estados Unidos ou na Suíça. Nas suas poucas visitas a Basileia, nossa escola conseguiu convidá-lo duas vezes para que ele e Marion se reunissem com nossos alunos nas disciplinas de tipografia. Esses eventos foram marcados por suas palestras inteligentes e bem-humoradas.

Ao longo desses anos, descobrimos uma paixão comum por livros infantis. Entre 1956 e 1970, ele ilustrou e fez o projeto gráfico de quatro livros para a célebre editora de livros infantis Margaret K. McElderry, da Harcourt, Brace & World, Inc.: *I Know a Lot of Things*

(1956), *Sparkle and Spin* (1957), *Little 1* (1962), e *Listen! Listen!* (1970). O texto foi escrito por sua segunda esposa, Ann Rand. Eu também estava fazendo livros infantis nesse período, para crianças na Jordânia e no Paquistão.

Tom Bluhm, aluno e amigo de Rand durante muitos anos, vinha às vezes me visitar. Ele costumava trazer alguns dos impressos que Rand escrevia e projetava, como brochuras de apresentação de projetos. Uma delas descrevia o desenvolvimento de uma marca para a empresa de Steve Jobs, a Next Computer. Com esse material, ele conseguia que as empresas entendessem suas pesquisas tipográficas e como elas culminavam na criação da marca final. Sempre me impressionou o quanto suas explicações eram claras, concisas e completas. Mesmo com meu inglês ruim, conseguia entender todas as frases.

Rand foi para mim uma das mais importantes vozes de alerta sobre o futuro do design e do mundo em que vivemos. Sua atitude era honesta e clara. Eu acreditava no que ele tinha a dizer, e nós compartilhávamos muitas opiniões. Ele deu sua última aula (organizada por John Maeda) em novembro no Massachusetts Institute of Technology (MIT). Sua fala lúcida e relevante, para um auditório lotado, tratou de forma e conteúdo em arte e design – o foco de seu último livro, *From Lascaux to Brooklyn* (1996).

Da esquerda para a direita: Steve Ater, Mookesh Patel, Paul Rand e Marion Rand. ASU, 1995.

PHILIP BURTON

Uma vez, quando me pediram para descrever Paul Rand, escolhi a palavra solidário. Meu comentário foi recebido com incredulidade. Seria este o mesmo Paul Rand, com sua lendária reputação de intratável? De fato, era.

Paul ingressou como docente no programa de graduação em design gráfico na Yale University em 1955. Ele sempre disse que não se considerava um bom professor. Mas duvido que se possa encontrar qualquer um dos seus ex-alunos que não guarde uma história favorita de Paul Rand, que continua a inspirá-los. Eles têm de admitir que não seriam os mesmos sem Rand como professor.

Paul sempre deu aulas nas manhãs de sexta-feira no segundo semestre. A preparação era a mesma toda semana. A sala de conferências era preparada com uma luminária de mesa, uma dúzia de lápis recém-apontados e uma pilha de papel sulfite branco. No início do semestre, cada estudante apresentava seu *portfolio*. Paul olhava-o com cuidado, apontando exatamente cada área que necessitava de atenção e prescrevendo rapidamente diversos modos de como melhorá-los.

Ao longo do semestre, os alunos avançavam para o projeto de um leiaute partindo do ensaio "Sur la plastique"

(1925), de Amédée Ozenfant e Charles-Édouard Jeanneret (Le Corbusier), ou do ensaio "Design and the Play Instinct", de *Education of Vision* (1965), do próprio Rand. Paul reposicionava refletidamente blocos de texto que tinham sido adesivados à cera. No decorrer da aula, dois, depois três, e às vezes quatro alunos se reuniam em volta da mesa para mostrar o que estavam fazendo. Paul fazia ajustes ao leiaute que iriam melhorar a fluência e servir como estratégia para futuros projetos. Depois da aula, íamos ao Mory para tomar um gaspacho* e comer sanduíche de peru e gelatina.

Em 1977, Armin Hofmann convidou Paul para lecionar durante uma semana no seu *workshop* de verão no pequeno município de Brissago, Suíça, ao norte da fronteira italiana. O cenário idílico de palmeiras, bananeiras e bambuzais envolvendo um enorme lago, com os Alpes e seus picos cobertos de neve ao fundo, em nada desconcentrou Paul. Ele estava lá para ensinar e não acreditava que se conseguisse realizar alguma coisa em tão pouco tempo.

As aulas se deram na escola primária local. Como os estudantes estavam em férias de verão, pudemos usar a lanchonete como classe, dois alunos sentados em cada

* *Chilled madrilene,* no original.

lado de uma das onze grandes mesas. Paul ia de mesa em mesa, levando com ele um banco de jardim desmontável, de modo que podia sentar e falar com cada aluno ou aluna sobre seu trabalho. Cada *tête-à-tête* durava o tempo que fosse necessário para pôr o estudante na trilha certa – e era permeado por histórias da vasta carreira de Paul, conforme se adequassem ao tema em questão. Quando ele trabalhava com os estudantes, revelava ali todo o seu coração e a sua alma.

Paul fez parte do núcleo docente do programa em Brissago até seu encerramento, em 1996. Não demorou para que ele se convencesse de que esse tipo de interação concentrada e intensa, feita individualmente com os alunos, era o melhor modo de ensinar design gráfico. Ele tentou transplantar o esquema de um projeto/um aluno para o programa de Yale, mas devido a demandas acadêmicas e extracurriculares impostas aos estudantes, ele nunca funcionou adequadamente.

As conversas que Michael Kroeger registrou de Paul (e às vezes de Marion) com os colegas e estudantes da Arizona State University (ASU) talvez tenham também convencido o leitor de que a melhor palavra para descrever alguém como Paul é: solidário.

Michael Kroeger e Paul Rand. Brissago, Suíça, 1981.

JESSICA HELFAND

Meu trabalho de graduação em Yale foi uma longa dissertação, uma espécie de tratado, sobre a história do quadrado. Apenas um membro do corpo docente realmente se dispôs a ler esse trabalho – Paul Rand.

"Com o pouco tempo que tive para ler a dissertação de Jessica, devo concluir que a qualidade de seu conteúdo merece recomendação", ele escreveu na minha avaliação. "Mas parece que você o formatou em três dias", me falou mais tarde. "O design", disse, olhando direto nos meus olhos para ter certeza de que captei a mensagem, "está um lixo."

Naturalmente, ele estava certo: ao menos sobre a parte de o design ter sido feito em três dias. (O lixo, eu aprenderia mais tarde, está nos olhos de quem vê.) Mas, nessa época, eu já esperava esse tipo de pronunciamento franco e direto da parte do meu orientador. "O desenvolvimento de novas fontes é um termômetro da estupidez de nossa profissão!" "Design gráfico não é cirurgia!" Rand era irascível, inclemente, e impossível. Elevados padrões de excelência eram ponto de honra para ele. Ele adorava a forma, odiava a pesquisa de mercado, e acreditava fervorosamente no poder do bom design. Não tinha a mínima paciência para pessoas – ou ideias – tolas.

Eu o visitava periodicamente em sua casa em Weston, Connecticut, onde sentávamos na mesa de sua cozinha e conversávamos. Enquanto falávamos, ele pensava nos livros que queria que eu lesse, e levantava para procurá-los, muitas vezes me mandando para casa com exemplares duplicados de seus favoritos – muitos deles eram livros sobre arquitetura, filosofia, arte, e mesmo sobre judaísmo. Eu era a única aluna judia na classe, e quando ele não estava fazendo seu papel de durão no ateliê da escola, tratava-me como uma neta, chegando até mesmo a me incutir a dose certa de culpa. "Você desapareceu como um fantasma", me escreveu numa carta quando falhei em minhas visitas durante um mês ou dois. Assim como meus avós, Rand era ao mesmo tempo paternal e taciturno, profundamente apegado aos seus princípios e dado a enormes ataques de riso à mínima provocação. Eu levava chocolates para ele. Ele me fazia chá. Sentávamos lá durante horas e discutíamos. Eu adorava cada minuto desses encontros.

Me lembro de que falávamos sobre design tanto quanto sobre qualquer assunto – sobre a vida, ideias, leituras. "Você aprenderá a maioria das coisas pelo olhar", ele dizia, "mas a leitura te dá entendimento. A leitura te liberta."

Uma vez, ele reclamou da tradução ruim de um texto que ele queria indicar aos estudantes, o ensaio "Sur la plastique", de Le Corbusier e Ozenfant, de 1925. Ele sabia que eu tinha sido criada na França e me pediu para providenciar uma tradução melhor para ele – o que acabei fazendo. E ele sabia francês o bastante para saber que a minha versão era, ao menos para os seus propósitos, melhor que a existente.

Não porque eu era melhor tradutora, mas porque naquele tempo, sob sua orientação, eu tinha me tornado uma aluna de design mais observadora. E foi isso, mais que qualquer outra coisa, o que aprendi com ele: como realmente olhar – profundamente, implacavelmente, penetrantemente – e ver.

Anos depois, já casada, aconteceu de eu ir a Filadélfia com meu marido, Bill, e Paul Rand estar na cidade para dar uma palestra. Agora frágil, entrando em seus oitenta anos, ficamos de encontrá-lo no fim do evento e levá-lo para o hotel. Enquanto o ajudávamos a sair do táxi, ele parou, colocou o braço em volta de mim – tínhamos exatamente a mesma altura – e me deu um aperto. Então olhou severamente para Bill. "Sabe, não estou certo de que você seja bom o bastante para ela”, grunhiu. “Mas vai dar um jeito de ser.” Fiquei aliviada e agradecida por ele ter optado, naquela que seria nossa última conversa, por criticar o meu marido – e não a minha dissertação. Ainda sinto falta dele.

Paul Rand com alunos em sala de aula. Brissago, Suíça, 1981.

STEFF GEISSBUHLER

PAUL, O ADVOGADO DO DIABO

Quando a associação local de publicidade questionou a metodologia de ensino do corpo docente do Philadelphia College of Art – composto por Ken Hiebert, Ave Pildas, Keith Godard, e eu –, ela ameaçou retirar seu apoio financeiro à escola e selecionou um grupo de designers para analisar o programa. Isso foi mais ou menos em 1969. O júri escolhido contava com Will Burtin, Paul Rand e Armin Hofmann.

Rand dirigiu as questões e fez o papel do interrogador durante a sindicância que durou uma semana. Nós logo percebemos que os outros membros do júri não iriam dizer muita coisa, e não podíamos ter contato com Hofmann, que estava no papel de nos defender. Rand foi muito duro, acusando-me, por exemplo, de ser um artista pop, porque eu dava um exercício aos meus alunos que consistia em pintar grafismos em diferentes objetos (sapatos, brinquedos etc.) para observar se isso os modificaria ou alienaria por meio de cor e forma. (Rand via a arte pop com grande desdém e nunca a reconheceu como parte da história da arte ou do design.) Também achava que eu não tinha que estar ensinando na minha idade. Eu tinha

27 anos naquela época. Todas as noites, eu estava pronto para empacotar minhas coisas e voltar para a Suíça.

A comissão foi para Nova York naquele fim de semana para submeter seu relatório – que informava sobre todos os membros do corpo docente, o currículo, a metodologia, e o departamento de forma geral – à direção da faculdade e à associação de publicidade. Nós recebemos um A+. Eles apoiaram completamente tudo o que estávamos fazendo. Paul Rand tinha atuado como o advogado do diabo de modo muito convincente e nos pusera na fogueira para testar nossas convicções. Numa surpreendente guinada da situação, passei a dar consultoria para N. W. Ayer & Son, uma das principais empresas acusadoras, pouco tempo depois.

PAUL, O ONISCIENTE

Muitos anos mais tarde, como sócio da Chermayeff & Geismar, fiz o projeto de sinalização do IBM 590, o novo e único edifício da IBM em Manhattan, na rua 57 com a avenida Madison (de autoria do arquiteto Edward Larrabee Barnes, em 1983). Uma parte do projeto era um sinal de identificação exterior. Tomei como base a marca da IBM de Paul Rand, e compus o número 590 na fonte listrada IBM para ser entalhado no granito em um dos lados da entrada. Como costumo fazer, analisei a área cuidadosamente e colei um molde em papel em escala natural no granito, onde achava que ele deveria ficar.

No dia seguinte, fui informado de que alguém tinha removido o desenho. Voltei lá e colei-o de novo no mesmo lugar em que estava antes. A mesma coisa ocorreu no dia seguinte. Ainda que o arquiteto confirmasse que Rand não estava envolvido, fiquei desconfiado. Liguei para Paul, que simplesmente disse: "Fiquei imaginando quanto tempo levaria para você me telefonar". Ele concordava com o meu projeto; só não queria que ninguém fizesse nada com sua marca sem que ele desse sua bênção. Anos depois, Paul me convidou, junto com Ivan Chermayeff e Tom Geismar, para ir a Armonk para uma revisão do design da IBM no mundo todo.

Eu gostava e respeitava muito Paul Rand. Ele tinha a atenção e a admiração de todos os seus clientes. Era um "Intocável" e foi reverenciado por empresas como IBM, Westinghouse e Cummins como um rei. As pessoas tinham medo dele. Ele jamais fazia concessões; jamais hesitava. Mostrava uma solução – pegue-a ou deixe-a. Era também o crítico mais contundente dos outros designers.

Paul Rand. ASU, 1995.

GORDON SALCHOW

Quando conheci Paul Rand, em 1963, trinta anos de suas iniciativas pioneiras já tinham se acumulado e eu era um dos seus alunos de graduação mais ingênuos na Yale University. Pude conhecê-lo melhor nas décadas seguintes, até conseguir tratá-lo confortavelmente por seu primeiro nome, mas sua figura cultuada certamente impediu qualquer familiaridade no início. Ele era, dentro e fora da sala de aula, confiável, direto, honesto e perspicaz. Seu intelecto poderoso unia-se a uma jovialidade admirável, que favoreciam a clareza e a criatividade de seu próprio trabalho. Seus breves comentários eram poeticamente complexos. As conversas eram envolventes e elevavam nossa visão das coisas.

Logo após minha mudança para a University of Cincinnati, em 1968, para estabelecer um novo programa de design gráfico, convidei Paul como crítico visitante. Ele aceitou, e tivemos algumas esclarecedoras discussões com os meus alunos e com o corpo docente. Recordo, em particular, sua visita ao nosso apartamento. Eu andava com ares de superioridade, como um chefe de departamento novo-rico, e junto com minha esposa Kathy Salchow tinha recentemente investido em alguns novos móveis de pinho metidos a dinamarqueses. Paul se sentou e, em vez de aceitar afavelmente nossa hospitalidade, fez críticas pertinentes às proporções ordinárias e outras sutilezas do nosso mobiliário. Esta era, de fato, a coisa mais cordial que ele poderia ter feito. Foi uma importante lição de pós-graduação sobre design que ampliou meu entendimento, meus padrões futuros e meu respeito por Paul. A cotovelada levou-me a perceber que a excelência, como modo de vida, era um pré-requisito para ser um melhor designer ou professor. O modo como vivemos reflete nossa verdadeira compreensão e nos alenta acerca do que fazemos.

Meu último encontro com Paul aconteceu no ano anterior ao de sua morte. Ele e sua esposa Marion estavam em Cincinnati para dar uma palestra no Art Directors' Club. Kathy e eu passamos uma tarde maravilhosa com eles. Fizemos um passeio e almoçamos; Paul e Marion visitaram nossa casa. Dessa vez, ele elogiou a casa e o mobiliário – isso fez com que nos sentíssemos redimidos, pois eu sabia que ele era incapaz de um elogio infundado. Usei a oportunidade, naquele dia, para dizer a ele que eu estava convencido de que seu talento artístico, sua influência e consequente lugar na história eram absolutamente comparáveis ao de nossos maiores arquitetos, escritores, artistas e músicos. Ele veio e me deu um aperto de mãos mas, ao menos dessa vez, parecia não ser capaz de dizer nada.

Fui privilegiado por ter sido seu aluno e tenho orgulho de tê-lo conhecido. Ele foi, sem dúvida, um intelectual raro e um gênio criativo, cujas contribuições acrescentaram inspiração e qualidade à vida de todos.

Steve Ater e Paul Rand. ASU, 1995.

Paul Rand. ASU, 1995.

ARMIN HOFMANN

Paul Rand ensinou durante quatro décadas na Yale University School of Art e também no Programa de Verão em Brissago, na Suíça. Ele transmitia seu conhecimento espontaneamente, lidando com problemas correntes na comunicação visual e trabalhando bem próximo aos estudantes. Paul sempre ilustrava seu conhecimento com exemplos práticos, permitindo que os outros entendessem a sua abordagem do design.

A primeira vez que o encontrei foi no estúdio de Lester Beall, em 1956. O que se seguiu foram trinta anos de encontros contínuos ligados às nossas responsabilidades docentes na Yale. Isso nos deu a oportunidade de discutir questões pedagógicas, dentre as quais o efeito das novas tecnologias no ensino. Uma forte conexão profissional e educacional entre nós resultou também do programa em Brissago, onde Paul deu aulas uma semana por ano durante mais de vinte anos. O projeto de Rand em semântica visual era muito intenso e exigente, e era considerado o ponto alto do nosso *workshop* de cinco semanas.

A colaboração que nos conectou como amigos e como profissionais permanece como uma das experiências mais valiosas que tive como professor e como designer.

Paul Rand com alunos em sala de aula. ASU, 1995.

BIBLIOGRAFIA

LIVROS CITADOS

BEARDSLEY, Monroe C. *Aesthetics: Problems in the Philosophy of Criticism*. Nova York: Harcourt, Brace & World, Inc., 1958.

DEWEY, John. *Art as Experience*. Nova York: Perigee Books, 1980 [1ª ed.: John Dewey, Barnes Foundation, Harvard University, 1934].

HEGEL, Georg Wilhelm Friedrich. *Aesthetics: Lectures on Fine Arts*. Oxford: Clarendon Press, 1975 [ed. bras.: *Cursos de estética*. São Paulo: Edusp, 2000].

HOFMANN, Armin. *Graphic Design Manual*. Teufen: Arthur Niggli, 1965.

KEPES, György. *Language of Vision*. 1944 [reedição: Chicago: Paul Theobald and Co., 1969].

_____ (org.). *Education of Vision*. Nova York: George Braziller, Inc., 1965.

KLEE, Paul. *Pedagogical Sketchbook*, trad. Sibyl Moholy-Nagy. Nova York: F. A. Praeger, 1953.

MÜLLER-BROCKMANN, Josef. *Grid Systems in Graphic Design*. Zurique: Arthur Niggli, 1961.

VAN DOREN, Charles Lincoln. *A History of Knowledge:*

Past, Present, and Future. Secaucus, NJ: Carol Publishing Group, 1991.

WALLAS, Graham. *The Art of Thought*. Nova York: Harcourt, Brace and Company, 1926.

WHITEHEAD, Alfred North. *Science and the Modern World*, Lowell Lectures, 1925. Nova York: Macmillan, 1925 [ed. bras.: *A ciência e o mundo moderno*. São Paulo: Paulus, 2006].

LIVROS DE PAUL RAND

RAND, Paul. *Design Form and Chaos*. New Haven: Yale University Press, 1993.

______. *From Lascaux to Brooklyn*. New Haven: Yale University Press, 1996.

______. *Paul Rand: A Designer's Art*. New Haven: Yale University Press, 1985.

______. *Thoughts on Design*. Nova York: Wittenborn & Company, 1947.

LIVROS INFANTIS ILUSTRADOS POR PAUL RAND

RAND, Ann e Paul Rand. *Listen! Listen!* Nova York: Harcourt, Brace & World, Inc., 1970.

______. *I Know a Lot of Things*. Nova York: Harcourt, Brace & World, Inc., 1956 [ed. bras.: *Eu sei um montão de coisas*. São Paulo: Cosac Naify, 2010].

_____. *Little 1*. Nova York: Harcourt, Brace & World, Inc., 1962 [ed. bras.: *Pequeno 1*. São Paulo: Cosac Naify, 2007].

_____. *Sparkle and Spin: A Book About Words*. Nova York: Harcourt, Brace & World, Inc., 1957.

LIVROS SOBRE PAUL RAND

HELFAND, Jessica. *Paul Rand: American Modernist*. Nova York: William Drenttel, 1998.

HELLER, Steven. *Paul Rand*. Londres: Phaidon Press, 1999.

KAMEKURA, Yusaku (org.). *Paul Rand: His Work from 1946 to 1958*. Nova York: Alfred A. Knopf, 1959.

_____. *Paul Rand*. Tóquio: Ginza Graphic Gallery, 1992.

NUNOO-QUARCOO, Franc (org.). *Paul Rand: Modernist Design*. Baltimore: Center for Art and Visual Culture, University of Maryland, 2003.

SOBRE OS AUTORES

ARMIN HOFMANN foi um personagem central na formação do que hoje conhecemos como o "Swiss Style". Em 1947, juntamente com Emil Ruder, começou a lecionar design gráfico na Schule für Gestaltung em Basileia, essa atuação se estendeu por quarenta anos e teve ampla reverberação. Seu livro, o *Graphic Design Manual* (Arthur Niggli, 1965), está entre os manuais mais influentes na área, adotado até hoje em diversas universidades. Hofmann ficou muito conhecido também por seus cartazes, aos quais o Museum of Modern Art de Nova York dedicou uma exposição em 1981.

GORDON SALCHOW leciona na University of Cincinnati desde 1968, quando foi convidado pela universidade a desenvolver um departamento de design gráfico. Além de designer atuante, Salchow é amplamente reconhecido como um dos pioneiros na educação moderna do design gráfico nos Estados Unidos.

JESSICA HELFAND, além de sócia de um estúdio de design em Connecticut, é crítica sênior da Yale School of Art. Helfand é autora de diversos livros, entre eles *Screen:*

Essays on Graphic Design, New Media and Visual Culture (2001) e *Reinventing the Wheel* (2002), publicados pela Princeton Architectural Press além de *Paul Rand: American Modernist* (William Drenttel, 1998).

MICHAEL KROEGER vive em Cincinnati, Ohio. É designer atuante e leciona no College of Mount St. Joseph. Em 1981, Kroeger viajou para Brissago, na Suíça, para estudar com Armin Hofmann, Paul Rand, Wolfgang Weingart, Philip Burton e Herbert Matter.

PHILIP BURTON é professor de design gráfico na University of Illinois em Chicago. Já atuou também na University of Houston, na Rice University e na Yale University. Entre 1975 e 1996, foi coordenador do Programa de Verão em Design Gráfico realizado pela Yale University em Brissago, na Suíça. Burton é também designer *freelancer* e entre seus principais clientes estão o Long Island MacArthur Airport, o Museu de Arte Contemporânea de Chicago e a Prefeitura de Chicago.

STEFF GEISSBUHLER, nascido em Zofingen na Suíça, radicou-se em Nova York e entre 1975 e 2005 foi sócio do renomado estúdio de design Chermayeff & Geismar

Associates. É autor de identidades corporativas emblemáticas como a Merck, Time Warner, NBC e Telemundo. Geissbuhler foi também presidente do American Institute of Graphic Arts (AIGA) de Nova York e é membro da Alliance Graphique Internationale (AGI).

STEVEN HELLER celebrizou-se como o autor mais profícuo na área do design gráfico, tendo publicado mais de uma centena de livros — entre eles *Paul Rand* (Phaidon, 1999) —, além de colaborar frequentemente com as principais revistas da área. Heller é professor da School of Visual Arts em Nova York onde, ao lado de Lita Talarico, fundou o programa de mestrado "Designer como autor". Como designer, foi diretor de arte do *New York Times Book Review*, além de atuar em diversas editoras.

WOLFGANG WEINGART, tipógrafo suíço de origem alemã, em 1968 sucedeu seu professor Emil Ruder no corpo docente da Schule für Gestaltung em Basileia, no qual permaneceria até 2003. Questionador da tradicional tipografia suíça, a partir da década de 1970 suas experimentações passaram a exercer grande influência, sobretudo nos Estados Unidos. Em 2000 publicou *My Way to Typography* (Lars Müller Publishers), livro que concentra suas ideias inovadoras.

TUD

DES

TUD

OE

GN.

OO!

AGRADECIMENTOS

Nettie Aljian, Sara Bader, Dorothy Ball, Nicola Bednarek, Janet Behning, Kristin Carlson, Becca Casbon, Penny (Yuen Pik) Chu, Russell Fernandez, Pete Fitzpatrick, Wendy Fuller, Jan Haux, Clare Jacobson, John King, Nancy Eklund Later, Laurie Manfra, Katharine Myers, Lauren Nelson Packard, Jennifer Thompson, Arnoud Verhaeghe, Paul Wagner, Joseph Weston, e Kevin C. Lippert, editor da Princeton Architectural Press.

CRÉDITOS DAS IMAGENS

Todas as fotografias e ilustrações são cortesia dos autores, exceto quando identificadas de outro modo.
Marca da ABC, Inc., 1962, p. 69.
Art as Experience de John Dewey © 1934, John Dewey. © 1973, Fundação John Dewey. Usado com permissão de G. P. Putnam's Sons, uma divisão do Penguin Group Inc., p. 29.
Marca da IBM, 1962, reproduzida por cortesia de International Business Machines Corporation © International Business Machines Corporation, p. 68.
Cartazes UCLA Extension, pp. 34 e 61.
Marca da Westinghouse Eletric Corporation, 1960, p. 69.
Marca da Yale University Press, 1985, p. 69.
Marca da Next, 1986, p. 77.

PARTE INTERNA DA CAPA (da esquerda para a direita)
Capa do livro *The Anatomy of Revolution*, Vintage Books/ Random House, 1956.
Capa da revista *Direction* n. 6, 1940.
Cartaz "Minute Man", U. S. Department of the Interior, 1975.
Cartaz "Eye, Bee, M", 1981 © International Business Machines Corporation.
Capa do livro *A Fine Frenzy*, Afred A. Knopf, 1959.

Conselho editorial (Design) ANDRÉ STOLARSKI, CHICO HOMEM DE MELO, JOÃO DE SOUZA LEITE, RAFAEL CARDOSO e RODOLFO CAPETO

Coordenação editorial ELAINE RAMOS
Preparação PEDRO PAULO DA SILVA
Revisão BEATRIZ DE FREITAS MOREIRA
Projeto gráfico ELAINE RAMOS
Composição GABRIELA CASTRO
Produção gráfica ALINE VALLI

Nesta edição, respeitou-se o novo Acordo Ortográfico da Língua Portuguesa

As conversas um e dois foram extraídas de um encontro na School of Design da Arizona State University (ASU), em oito de fevereiro de 1995.

Todos os livros citados no textos tiveram sua referência completa fornecida na bibliografia.

O depoimento de Wolfgang Weingart foi reproduzido com permissão da editora de Franc Nunoo-Quarcoo, *Paul Rand: Modernist Design* (Baltimore: Center for Art and Visual Culture, University of Maryland, Baltimore County, 2003). Os demais depoimentos foram escritos para esse livro, em 2008.

Todos os esforços foram feitos para identificar os detentores dos direitos.

Dados Internacionais de Catalogação na Publicação (CIP)
(Câmara Brasileira do Livro, SP, Brasil)

Kroeger, Michael (1950-)
Conversas com Paul Rand: Michael Kroeger (org.)
Título original: *Paul Rand: conversations with students*
Textos: Philip Burton...[et al.]
Tradução: Cristina Fino
São Paulo: Cosac Naify, 2010
128 pp., 52 ils.

ISBN 978-85-7503-693-8

1. Artes gráficas – Estados Unidos – História – Século 20
2. Rand, Paul, 1914-1996 I. Heller, Steven.
II. Weingart, Wolfgang. III. Burton, Philip.
IV. Geissbuhler, Steff. V. Helfand, Jessica.
VI. Hofmann, Armin. VII. Salchow, Gordon. VIII. Título.

10-12633 CDD 741.6092

Índice para catálogo sistemático:
1. Designers gráficos : biografia e obra 741.6092

COSAC NAIFY
Rua General Jardim, 770, 2º andar
01223-010 São Paulo SP
Tel [55 11] 3218 1444
www.cosacnaify.com.br

Atendimento ao professor [55 11] 3218 1473

OUTROS TÍTULOS SOBRE DESIGN DA COSAC NAIFY

DESIGN VISUAL – 50 ANOS
Alexandre Wollner

ALEXANDRE WOLLNER E A FORMAÇÃO DO DESIGN MODERNO NO BRASIL
Entrevista a André Stolarski

O DESIGN BRASILEIRO ANTES DO DESIGN – ASFECTOS DA HISTÓRIA GRÁFICA 1870-1960
Rafael Cardoso (org.)

O DESIGN GRÁFICO BRASILEIRO: ANOS 60
Chico Homem de Melo (org.)

CARTAZES MUSICAIS
Kiko Farkas

FONTES Chronicle e Museo Sans
PAPEL Paperfect 104 g/m²
IMPRESSÃO Geográfica
TIRAGEM 5 000